大きくなぁれ！

〜子どもたちのほっこりエピソード集〜

こつばん 著

はじめに

子どもたちとの毎日は大忙しで、
あっという間にすぎていきます。

そんな日々の中で、子どものふとした言葉や行動に
癒やされたり、笑ったり、
ときには胸をうたれて、涙したり。

大変なことといっぱいの子育てだけど、
その疲れもふきとんじゃうような、
かけがえのない愛おしい瞬間。

日々成長していく子どもたちの、今しかない今日。
そんな、たくさんの忘れたくない思い出や
残しておきたいキラキラした瞬間を切り取って、
一冊に集めました。

本書では子どもたちのエピソードを募集し、
多数ご応募いただいた中から
育児日記『しーちゃん』が大人気の
イラストレーター・こつばんさんに
111のエピソードを描き下ろしていただきました。

子どもたち、みんな、大きくなぁれ!

2 はじめに

CHAPTER_1 笑っちゃうおはなし

10 元気？ たーちゃん［2歳］
11 園長先生にお願い かんたくん［3歳］
12 お母ちゃんってどんな人？ Tくん［6歳］
13 おっさんになるクッション すずちゃん［2歳］
14 シンデレラの靴は しーちゃん［5歳］
15 どっちが好き？ はなちゃん［5歳］
16 ママ、頑張れ！ たいちゃん［2歳］
17 まおとママの関係 まおちゃん［4歳］
18 ジェットコースターの楽しみ方 たかちゃん［3歳］
19 パパは友達 ぜんくん［3歳］
20 何名様ですか？ あっちゃん［3歳］

CHAPTER_2 ズコーッとなるおはなし

42 パパは王子様 たまちゃん［4歳］
43 おいくつですか りょうがくん［5歳］
44 交渉 すみちゃん［3歳］
45 落としもの ののちゃん［3歳］
46 まさかのトイレ掃除 ゆあちゃん［6歳］
47 どこに捨てるの？ のんちゃん［3歳］
48 クールなお返事 ゆいちゃん［3歳］
49 七夕のお願いごと ぜんちゃん［2歳］
50 目にゴミが入った！ みおちゃん［3歳］ さわちゃん［1歳］
51 ここは料金所 かないくん［2歳］
52 ママ泣かないで はるくん［4歳］
53 遊んでくれないお友達 とおくん［4歳］
54 はじめてのもじかずけいさん教室 はなちゃん［4歳］

22 音が小さい！ いとちゃん［3歳］
23 お客様の声 コウくん［4歳］
24 ため息 ソラくん［6歳］
25 幼稚園で驚いたこと すばちゃん［3歳］
26 答えはトイレ しゅんぴーくん［2歳］
27 ちゅー… ゆきちゃん［3歳］
28 ぜんざいさん ひなくん［8歳］
29 パパへお叱り ゆいちゃん［2歳］
30 握力テスト つーちゃん［9歳］
31 ブスがきた！ みっくん［2歳］
32 初めてのしりとり ひーちゃん［3歳］
34 お姉ちゃんになってから あいちゃん［2歳］
35 はめたあと くるみちゃん［3歳］ あなんちゃん［4歳］
36 **COLUMN** しーちゃんの笑っちゃうおはなし

55 おおげさなお見送り レミくん［2歳］
56 将来の夢は プーちゃん［6歳］
57 エレベーターの呼び方 ニールくん［3歳］
58 母の日のプレゼント かなちゃん［5歳］
59 ふたごちゃんのお参り えまちゃん［4歳］ こっちゃん［4歳］
60 レントゲン技師はイケメン しおりちゃん［3歳］
62 おかあさんっていいにおい たっくん［2歳］
63 かわいいお尻 ゆいくん［3歳］
64 問題の答え たすくくん［4歳］
66 ケチャップ事件！ あっくん［1歳］
67 頭の上 だいくん［3歳］
68 **COLUMN** しーちゃんのズコーッとなるおはなし

CHAPTER_3 ほっこりするおはなし

72 大人になっちゃった ユータくん［5歳］
73 にっぽり こたろうくん［5歳］
74 あ～んあむあむ おーちゃん［4歳］
75 動物のお医者さん りおちゃん［4歳］
76 寝相が悪い はるたくん［3歳］
77 さんごちゃん おうたくん［4歳］
78 誰もいないよ♡ そのちゃん［3歳］
79 まっくらを食べる ゆうしくん［3歳］
80 お迎えが遅いわけ はるくん［4歳］
81 白雪姫ごっこ あずさちゃん［4歳］
82 ピクニックのおやつ ともくん［6歳］
83 枯れないお花 さえちゃん［5歳］
84 ８１０ はんとくん［3歳］

CHAPTER_4 じーんとするおはなし

98 みんな好き!! こうちゃん［4歳］
99 大きくなったらなりたいもの yuuくん［6歳］
100 おかーちゃんよしよし せーちゃん［2歳］
101 夜泣き たいちゃん［1歳］
102 パパと一緒 えみちゃん［2歳］
103 ばんそうこう ひびとくん［2歳］
104 大丈夫だよ ゆぅちゃん［6歳］ そぅちゃん［4歳］
106 薬箱 ゆうまくん［3歳］
107 れんとがいるからね れんとくん［4歳］ みなとくん［2歳］
108 仲直り ゆうちゃん［2歳］
109 叱られちゃったの? しゅんくん［2歳］
110 ブラックコーヒー むねくん［8歳］
111 幼稚園の思い出 いっちゃん［6歳］

85 パンの試食 りっくん［5歳］
86 宝箱 ひかるくん［2歳］
87 今日、保育園行ったよ そーちゃん［3歳］
88 隣がいいのに なゆちゃん［4歳］
89 あおちゃんのお母さんは あおちゃん［3歳］
90 ママの大事なものって何？ こはるちゃん［4歳］
91 こら〜ぁ〜しめてけ〜 リリコちゃん［4歳］
92 **COLUMN** しーちゃんのほっこりするおはなし

112 お兄ちゃんのうれしいこと しゅうとくん［8歳］
113 ママのかわりに そうちゃん［5歳］
114 お姉ちゃん大奮闘！ みなみちゃん［3歳］ みおなちゃん［1歳］
116 ママのにおい つむぎちゃん［9歳］
117 やきもち ともちゃん［3歳］
118 スムージー さらちゃん［2歳］
119 おかあさんもいいこ まゆちゃん［2歳］
120 最後の登園 ゆうたくん［6歳］
121 泣きたいときは つきなちゃん［5歳］
122 **COLUMN** しーちゃんのじーんとするおはなし
124 おわりに
126 Special Thanks!!

CHAPTER_1

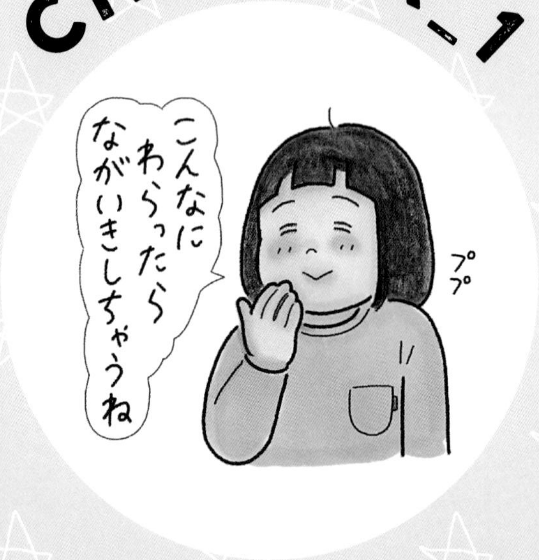
こんなにわらったらながいきしちゃうね
ププ

笑っちゃうおはなし

ふとした瞬間の大人っぽい発言や、
ママの質問への思いがけない答え、
かわいらしすぎる勘違い…。
いたって真剣で一生懸命だからこそ、
ついクスッと笑ってしまう、
そんなエピソードを集めました。

元気？

たーちゃん［2歳］
ご機嫌だと鼻歌を歌う女の子

お帰りなさーい
たーちゃんお母さんお迎えに来たよ
ふぅー…疲れたぁ…
ただいまたーちゃん元気？♡
えっと…たーちゃんは…
いやいや期《き》

冷静な分析！　自分がいやいや期であることを自覚してくれているようです（笑）。

園長先生にお願い

かんたくん［3歳］

強がりだけど甘えん坊な男の子

かーちゃーん
かーちゃーん
お母さん行ってらっしゃい
お願いします
ササッ
かんたくん
あっちでみんなと遊ぼ!!
コクリ
ワィ
ワィ
あそぼー
1時間後
しょくいんしつ
えんちょうせんせい…
あら どうしたの？
あの…そろそろ…
かあちゃんがいいんですけど
え〜〜〜
そんな真剣に訴えられても…

敬語でまじめに訴えるかんたくん。交代システムなら良かったのにね。

Tくん［6歳］

戦隊ヒーロー好きのまじめな男の子

お母ちゃんってどんな人？

ドイツの現地校に通うTくん
ねぇ
お母ちゃんってどんな人か教えて
えーーっと…
毎晩のお風呂は日本語の時間
かおはまるくてー
はなからしたはさんかく!!
アハハハ!! 見た目じゃなくて
中身はどんなか聞きたかったの
あーごめんごめん
おかあちゃんのなかみはーー
ほね

「優しい」とか、そういう言葉を期待していたけど…間違いではないね！

すずちゃん［2歳］
歌とダンスが好きな女の子

おっさんになるクッション

てれびみたーい!!
てれびみられないなら
おふろはいらない!!
も〜しょうがないなぁ…
少しだけだよ
そしてお風呂上がり
ドスン
お気に入りの大きいクッション
テレビ
あーーー
しあわせだなぁ〜〜

２歳のすずちゃんの口から放たれた、おっさんのようなひと言にパパもママも大爆笑！

しーちゃん［5歳］
明るくてちょっぴりおませな女の子

シンデレラの靴は

しーちゃん シンデレラの靴って
どんな靴か知ってる？
シンデレラ
!!
しってるよ
パリーン
われもの
ブハッ

♪ ガラスの靴＝われもの。ドヤ顔での回答に思わず吹き出しちゃうパパでした。

はなちゃん［5歳］
誰とでも仲良くなれる女の子

どっちが好き？

パパー わたしとー
さほちゃん（妹）
どっちがすき？
どっちも好きだよ
どっちもはダメ!!
どっちかえらんでッ!!
そう言われてもー 選べないよ〜〜
はなちゃんだって パパとママ どっちが好きか 選べないでしょ？
えらべるよ!!
パパ

即答するはなちゃんに、ママはちょっぴりショック！

たいちゃん［2歳］
元気いっぱいのやんちゃ坊主

ママ、頑張れ！

♪ 店員さんもまわりの人もニコニコ。でも、応援するなら店員さんにしてあげて～！

まおとママの関係

まおちゃん［4歳］

かけっこやごっこ遊びが好きな女の子

ねぇ…まおとママってさけっこうなかよしでしょ？
ケンカもするけど…
まおとママってーともだちー？
それとも…きょうだい？
親《おや》子《こ》だよ
おやこだったかーー

ひとりっ子のまおちゃん。将来は、姉妹みたいな仲良し親子になりそうです。

たかちゃん［3歳］
内弁慶タイプの男の子

ジェットコースターの楽しみ方

エアコン
と
室外機
が
大好きなたかちゃん
遊園地に行ったとき――
わー
ジェットコースター楽しんでる
キャ
あ!!いま
しつがいきがみえた――!!

1歳半の頃から大好きで、メーカー名や種類までほぼ覚えているそうです。すごい！

ぜんくん［3歳］

おしゃべり好きでママ大好きな男の子

パパは友達

パパ
コン
きょうは ずっといっしょに いられてたのしかったよ
コン
パパもだよ
パパ だいすき!!
ずっとずっと… ともだちだよ!!
友達!?
じゃあ ママもぜんくんのお友達？
ちがうよ!!
ママはぜんくんのたからものだよ!!

普段は単身赴任のパパと旅行に行ったときの出来事。パパは大親友なのかもね！

あっちゃん［3歳］
甘えん坊の男の子

何名様ですか？

ファミレスにて
5人です
5名様ですね
ご案内します
『5にん』のこと『5めいさま』っていうの？
そうだよ
メニュー
じゃあ『3人』のことは何て言うかわかる？
えっとー『3めいさま』？
正解！！

じゃあ『4人』は？
4めいさま!!
正解!!
じゃあ『1人《ひとり》』は？
むずかしいかな？
ひとり…？
ひとりはー
さみしい

なんて柔軟な発想力！　確かに１人はさみしいね。

いとちゃん［3歳］
お外では恥ずかしがり屋な女の子

音が小さい!

いとちゃん 行ってきまーす
パチン
ターッチ
おかあさん きて〜〜
おかあさんも タッチして!!
パチン
おとが ちいさいッ
え・・・
バチン
こ・・・ こう?
おとが ちいさいってば
テレビの おとが ちいさいの!!
えーーッ
テレビ!?

タッチの音は、どうでもよかったみたいです(笑)。

お客様の声

コウくん［4歳］

いつもニコニコ笑顔な男の子

お客様の声を
お聞かせ下さい
ねぇ
これなんて
かいてるの？
えっとー
『お客様の声を
お聞かせ下さい』
って書いてあるよ
おきゃくさまの
こえ…？
どうしたの？
おーい
おーい
コウのこえを
きかせてるんだよ!!

♪ご意見箱に一生懸命話しかける姿は、かわいいやらおかしいやら…。

ソラくん［6歳］
鉄道好きでのんびり屋さんな男の子

ため息

怒られたり嫌なことがあると
はーーあ
またため息…
大きなため息をつくソラくん
あのね…知ってる？
ため息をつくと幸せが逃げちゃうからすーぐ吸ったほうがいいんだって!!
ふぅーーーん
数日後
はぁ〜あ
あ!!また
すぅー
バッ
しあわせにげちゃう!!
ため息吸ってる!!

素直なソラくんらしいエピソード。幸せを吸い込むことはできたかな？

幼稚園で驚いたこと

すばちゃん［3歳］

弟思いでおしゃべり上手な男の子

幼稚園に入園しました
ピース！
数日後
ただいまー…
おかあさん…あのね
どうしたの？
幼稚園で何かあった…？
…ようちえんのみんなはー
真剣
『うじはら』ってなまえじゃないんだよ…
みんな同じ名字だと思ってたの!?

♪ 人類みな、うじはらさんだと思っていたようです。またひとつ賢くなったね！

しゅんぴーくん［2歳］
猪突猛進な男の子

答えはトイレ

今日もトイレ成功だね
すごいッ
・・・と、思ったらー
あららららー
遊びに夢中でおもらし
お着替えしよう
おいで
しゅんぴーおしっこはどこでするんだっけ？
ここ!!
そうじゃなくてーー
ホラ うんちするところ・・・
答え トイレ
ん？うんち？
うんちはーここ!!

一休さんのようなとんちのきいた答えに、怒る気もなくなったママでした。

ゆきちゃん［3歳］
天真爛漫な女の子

ちゅー…

これなーんだ？
おはな!!
何のお花？
えーっとなまえなんだっけ…
ヒントちょうだい!!
ヒント？
ヒントはちゅーー…
え!?ちゅう？
わかった!!
けっこん!!
ちゅう＝結婚
ちがう…

結婚願望強めでおませな３歳女子。０歳の弟に毎日プロポーズしているそうです。

ひなくん［8歳］
明るくのほほんとした男の子

ぜんざいさん

行列に並んでいるとき―
ひなごめん!! 並んでてくれる? 飽きちゃったみたい
ぐず
つかれた―
ぐず
いいよ
すぐそこにいるからね
これママの全財産!! 大切に持ってね
だっこ―
『ぜんざいさん』って…だれ?
もしかして―『全財《ぜんざい》さん』って人の名前だと思ってる―!?
ちがうよ~~
?

なんだかお金持ちそうな名前！ お兄ちゃんの勘違いに、家族みんな大爆笑でした。

ゆいちゃん［2歳］

外では照れ屋さんな女の子

パパへお叱り

ままーー
おさらあらうのがんばれーー
ありがとう♡
あ、パパは何してる？
ギクッ
ぱぱ…なにしてるの？
ねぇぱぱーー
おてつだいしないの？
ごめん。ごめん。
娘よ…よく言ってくれた!!

娘からのお叱りの一撃にパパは大慌て。ママはニッコリ＆胸がスカッとしました！

つーちゃん［9歳］

普段はしっかり者の女の子

握力テスト

今日握力《あくりょく》テストあるんだ!!
ぐっ
へーじゃあ
1回ママの手ぎゅーって握ってみて
だめだめ!!テストのときチカラでなかったらイヤだもん
かえってきてからね
いってきまーす
ただいま〜
しょぼーん
どした〜?
思ったよりチカラでなかった?
ううん
握力《あくりょく》テストじゃなくて学力《がくりょく》テストだった…
ズコー

たまにびっくりするほどの天然っぷりを発揮する、つーちゃんです。

みっくん［2歳］
おしゃべり大好きな男の子

ブスがきた！

時々バスがブスになっちゃうみっくん
これー バス? ブス?
バスだよ~~
のりもの
お散歩中
バス
あっ ママ みてー
BUS
ブスがきたよ!!
違ッ

間違えずに「バス」と言えるようになった今では、ちょっとさみしいママでした。

ひーちゃん［3歳］
積極的で天真爛漫な女の子

初めてのしりとり

しりとりしよう!!
なんのことばからはじめる?
ひーちゃんの好きな果物の名前はどう?
『イチゴ』かな?
くだもの!?
えっと――…『くだものがすきなひと』!!
果物が好きな人?
じゃあー『とびら』
かんたん!!
『らりるれろ』
『らりるれろ』?…ま、いいか
『ろば』

『ばにく』!!
『馬肉』?
よく知ってるねぇ 馬肉なんて どこで覚えたの?
え…
『ばにく』って なあに?
お馬さんのお肉のことだよ
え…
ええええ
おうまさんのおにくぅ!?
えー
知らないのに言ってたの!?

初めてのしりとりは、ふしぎな答えが多かったようです(笑)。

あいちゃん［2歳］
お姉ちゃんにあこがれている女の子

お姉ちゃんになってから

これほしい…
かって～♡
あいちゃんには大きいからだめよー
お姉ちゃんになってからね
・・・
おねえちゃんになってから…？
おねえちゃんになってからかあ
ある日ー
もぐ
あいちゃんおいしそうだね
お父さんにもケーキちょっとわけて～
だーめーよ
おとーさん、おねえちゃんになってから!!
えー
お姉ちゃんになるのは…
無理!!

「おねえちゃんになってから」がすっかり口ぐせになったあいちゃんでした。

くるみちゃん［3歳］　あなんちゃん［4歳］

いつも元気で面白い女の子たち

はめたあと

姪っ子のくるみちゃん
きょうすけかわいい〜♥
お姉ちゃんのあなんちゃん
ねえねえ…
きょうすけっててとれたことあるの？
え!? ないよ
なんで？
だってほら…
ここ…
はめたあとがあるよ？
ちがうよー
アハハハ

♪確かに赤ちゃんの手首って、輪ゴムでとめたように見えるかも（笑）。

COLUMN

しーちゃんの笑っちゃうおはなし

読む係

ぱぱ〜 まま〜 かるたやろう
しーちゃんが よむかかりね
100円ショップで買った国旗カルタ
カルタ
パパかママが読むからしーちゃんは取りなよ〜
やだ!!
しーちゃんどうしてもよみたいの
…
…
結局読む係
ふむふむ
はい!!
あった!! 『あめりかがっしゅうこく』!!
あのォ…声に出して読んで下さい…
やっぱりしーちゃんが取るのかー
バシッ

ゆうちえん

しーちゃん こんどさー 『ゆうちえん』 いってみたい
ハッ
ゆう… ち…えん?
『ゆうえんち』って いいたかったのに… 『ようちえん』のこと かんがえてたから…
まざっちゃった///
ちょっと〜
なんで けん玉食べてるの?
はずかしくて つい…
むぐ

いないいないばぁ

しーちゃんのイトコに
そうちゃん
私の弟です
弟
会ったとき――
いないいないばぁとかしてあげたら？
はずかしいけど…
いないいない…
ばあ
ばぁ
いないいないばぁで鼻広げる人…
はじめて見た…

あーん

ある日のそうちゃんのおはなし
あ…
このおかしそうちゃんのじゃないよ
ポテトチップス
食べさせてくれるの!?
はいっ
ポロッ
あーん
どうしたの？
気が済んだのかな？
ゴロン
POTATO CHIPS
もぐ
もぐ
おかしのかけら
わざと落として食べる作戦!?
やられた～～

100億倍

なぜかこの部分
タイツに穴あけちゃった…
あちゃー
ブフー!
アハハハ
なんでおまた…ッ
ヒ〜〜〜
ズサー
しーちゃんって幼稚園でもそんな風に笑ってるの?
ふぅー
つかれた〜
こんなもんじゃないよ!!
おうちの100おくばいわらってる〜
100億倍!?
ホゥ

3回目

ねぇそんなに力いっぱいほじったら鼻取れちゃうよ
ほじり
ほじり
おーいハナクソ取れた♥って見たら鼻、まるごとだったりして…
はながとれるってどういうことさ?
も〜〜
ブフーーッ
なにそれ〜〜はなとれたらめっちゃびっくりするしょ〜〜
アハハハ
ふぅ
ままこのはなしするの3かいめだよね
前も言ってた?
テヘ
なんかいきいてもわらっちゃう〜〜
ククク

アプリとおしゃべり

しーちゃん
と同学年の
しんちゃん
の、おはなし
幼稚園に行く前に
お母さんのスマホのアプリとおしゃべり
きょうのてんきはなんですか?
すみませんよくわかりません
ようちえんいってきます
すみませんよくわかりません
よくわかりませんばかり…
しんちゃーん幼稚園行くよー
し〜ん
……
はい私が友達でいます
あ、ありがとうございます
え!?何で急に友達…?
スマホに同情された!?

やっぱりママがいい

夏休みに
友人のご実家へお泊まりしたとき
おねえちゃん
しんちゃん
おーー久しぶり!!
友人・ゆかり
(同級生)
夜
見て…
コソッ
転がってきて…
ここで寝た…
スー
スー
う〜〜ん
ん?
じょり
なんだこれ!?
グイッ
ひ…ひげー
黙っていればよかった…
スン

CHAPTER_2

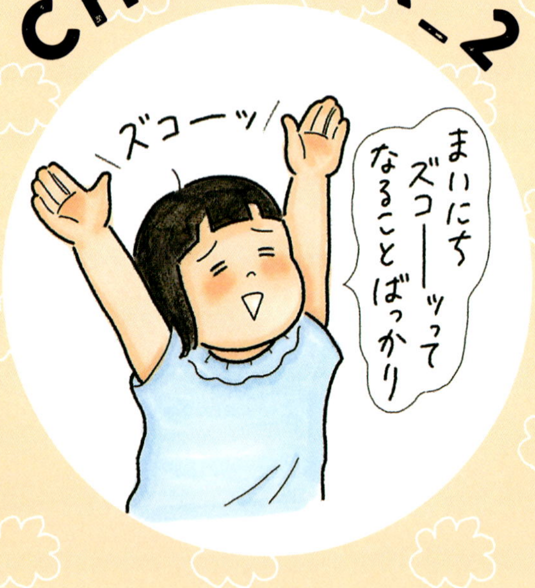
ズコーッ
まいにちズコ――ッってなることばっかり

ズコーッとなるおはなし

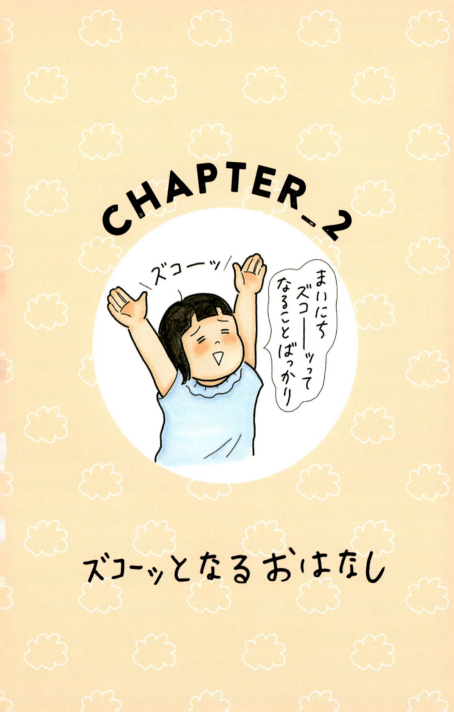

正直すぎるセリフに
親の方が動揺してしまったり、
予想外なまさかの行動に
「なぜ？」とつっこみを入れたくなったり。
子どもたちとの毎日は
ズコーッとなることの連続です！

たまちゃん［4歳］
おっとり優しい癒やし系の女の子

パパは王子様

たまちゃんね おおきくなったら プリンセスになって パパとけっこんするの
へーー そっかあ
だからパパ おうじさまに なってね♡
王子様？ うーーん
あの〜ママは どうしたらいいの？
さみしいん だけどー
え…ママ？
ママは みてて!!
見る…だけ？
ガーーン

☆ パパが大好きなたまちゃん。見てるだけのママは切ない〜！（涙）

おいくつですか

りょうがくん［5歳］

明るく元気でお調子者の男の子

店内に響き渡る大きな声で、いらない情報提供…。店員さんも苦笑いでした。

すみちゃん［3歳］

弟のお世話を頑張る、おしゃべりな女の子

交渉

もう いらなーい
ごちそうさま
あと少しでしょ
全部食べたら コアラのマーチ 2個あげるから 頑張ろッ!!
コアラのマーチ♥
3こ
キリッ
交渉してきた!!

☆ もともと食が細いすみちゃん。お菓子ならまじめな顔で交渉するちゃっかりさん（笑）。

ののちゃん［3歳］

しっかりものでおしゃまさんの女の子

落としもの

あれ〜
ないなぁ…
う〜〜ん
さっきから何探してるの？
ののちゃんのあしにあった『おけが』なくなっちゃったの
どこにおとしたのかなあ
1週間前にできた小さな傷

☆ はじめてできたかすり傷。治ることを知らなくて、探しまわっちゃいました。

ゆあちゃん［6歳］
甘えん坊だけど、ときに冷静な女の子

まさかのトイレ掃除

きょうから 1ねんせい だから
なーんでも おてつだいするよ!!
わ〜 助かる♡
じゃあ
〜♪
トイレそうじ しようっと
で〜きた!!
どれどれ…
といれわ きれいに つかってね
油性ペンで 注意書き!?

☆こんなかわいい注意書きがあったら、きっとみんなきれいに使うね。

のんちゃん［3歳］

少し天然で家族を笑わせてくれる女の子

どこに捨てるの？

トイレットペーパーなくなったーー
捨ててきてお母さんもトイレ…
えーどこにすてるの？
ほらのんちゃんの頭の上にゴミ箱あるやろ
そこに捨てといて
寝室
ゴミ箱
のんちゃんのお布団
え…
スッ
その頭の上じゃなーーい

お母さんが説明したら、「あー！」と照れながらゴミ箱に捨ててくれました。

クールなお返事

ゆいちゃん［3歳］

少し恥ずかしがり屋さんの女の子

きょう ゆきちゃんがね
ゆきね ゆいちゃんのこと
だーいすき♥
ーーって いってたんだよ
そうなんだ!! よかったね♥
ゆいちゃんは 何てお返事したの？
あっさり
へーー
そうなんだ
ーーって いったよ
えっ!?
急に クール!!

☆ 本当は大好きなのに照れてクールなお返事になったゆいちゃんでした。

七夕のお願いごと

ぜんちゃん［2歳］

自分の想いをしっかり持った、元気な男の子

七夕の短冊つくるよ
お願いごと何て書く？
おねがいごと？
例えばぜんちゃんが
大きくなったらなりたいものとか書くんだよ
…バナナ
え!?
ぜんちゃんバナナになる!!
ズコッ
バナナになる ぜん
これプレゼント
バナナ～♡

ぜんちゃん…バナナになったら、食べられちゃうよ！

目にゴミが入った！

みおちゃん［3歳］
甘えん坊だけど、妹の前では頼れるお姉さん

さわちゃん［1歳］
ねぇね大好きで、なんでも真似したい女の子

明け方ーー
おめめいたい〜〜
ゴミでも入った？パチパチしてごらん
こぅ？
パチ
パチ
え!?
拍手じゃなくて目をーー
こぅやってやるんだよ
こうだよ!!
バッ
バッッ
それも違う〜!!
まばたきして

☆ 頼れるお姉さんとして、お手本をおもいっきり見せてくれました（笑）。

ここは料金所

かないくん［2歳］

優しくておっとりしている男の子

高速道路を走行中
もうすぐ着くよ〜
料金所
700円です
はーい
かないはハンバーガーにする!!
え!?
ハンバーガー?
あ…
ドライブスルーじゃなかった…
ズコーーッ

一瞬「？？？」となったあとに、みんなで大爆笑したそうです。

ママ泣かないで

はるくん［4歳］

運動が好きで、ゲームはもっと好きな男の子

家事に育児に疲れちゃって…
うわ〜〜ん
もういや〜〜
大爆発!!
まま…
ナデナデ
そっ…
ドキ
そんなになくと――
ティッシュがもったいないよ?

いつもより優しい声で、頭をなでながら慰めてくれました。でも…ティッシュ!?

とおくん［4歳］

おしゃれでおちゃらけキャラの男の子

遊んでくれないお友達

きょう ほいくしょ おもしろくなかった…
みんないっしょに あそんで くれなかった…
ボソッ
えー!?
誰が遊んで くれなかったの?
A子ちゃんとか…
B子ちゃんとか C子ちゃん…
それはきっと 女の子だからだよ
男の子と 遊んだら よかったかも!!
あのね とおくんは おとこのこ なんだよ!!
おとこはね かわいい おんなのこが すきなんだよ!!
だから――
おんなのこと あそびたい!!
キッパリ

☆ とおくんは、自分で全身コーデするほどおしゃれ好き。恋多き保育所生活になりそう!?

はなちゃん［4歳］

ままごとが大好きな優しい女の子

はじめてのもじかずけいさん教室

☆ 外ではおとなしい性格のはなちゃん。ママには本音をこぼしちゃいました。

レミくん［2歳］

心を許した人にはとっても甘える男の子

おおげさなお見送り

ある日 パパがお仕事に行くとき ー
ダッコ
CHU
行ってくるね
レミ…
イヤー
ごめんね
ウワァアアアン
スン
O-WA-RI
さっきの涙は演技!?

☆ アメリカに住んでいるレミくん。カタコトの日本語で話すところがかわいさ倍増。

将来の夢は

プーちゃん［6歳］

よく笑い、泣き、怒る、感情豊かな女の子

卒園式
卒園証書を受け取った後に――
しょうらいはパティシエになりたいです
サッカーせんしゅになりたいです
将来の夢を発表します
次はプーの番
ちゃんと言えるかな…
フス
おおきくなったら
にんじゃになりたいです!!
確かにいつも塀によじ登ったり
泥んこだったりしてたかも…

☆ 女の子はお花屋さんとパティシエが多いなか、まさかの壮大な夢でした！

ニールくん［3歳］

車や戦いごっこが大好きな男の子

エレベーターの呼び方

↓3
エレベーター呼んでくれる？
お仕事の荷物いっぱい
背が伸びて手が届くようになった
お——いえれべぇたぁ——
エレベーターを呼んでくれたんだ
でも—『エレベーターのボタンを押して』って意味だったの!!
まちがえちゃった…
照れ///

☆ 少し照れ屋なニールくん。かわいすぎて、ママの疲れも吹き飛んじゃいました。

かなちゃん［5歳］
空想のお話や歌うのが好きな女の子

母の日のプレゼント

ままこれ『ははのひ』のぷれぜんと!!
わ〜何だろう?♡
嬉しい♡
いんどにいかないとふこうになる
『いんどにいかないとふこうになる』!?
何?どういうこと!?
ちがうの!!ままとかなちゃんといんどにいくと
しあわせになるからいっしょにいこうね
なんでインド?

☆「いつもありがとう」とかかと思ったら…なんでインド？（笑）

ふたごちゃんのお参り

えまちゃん［４歳］
活発でいつもニコニコ笑顔の女の子

こっちゃん［４歳］
甘えん坊でマイペースな女の子

神社でお参り
えまちゃんは何をお願いしたの？
あのね じんじゃのさくらがきれいでした
ありがとうございましたっていったの
ほのぼの〜〜
こっちゃんはねー
おかあさんがこっちゃんとえまちゃんをじょうずにそだてられますように…っておねがいしたよ
心当たりが…
うまく育てられなくてごめんね〜〜
怒りすぎた〜

☆ そっくりなふたごの姉妹ですが、お願いごとには２人の個性が出ていますね♡

レントゲン技師はイケメン

しおりちゃん［3歳］
とっても元気でおしゃべりな女の子

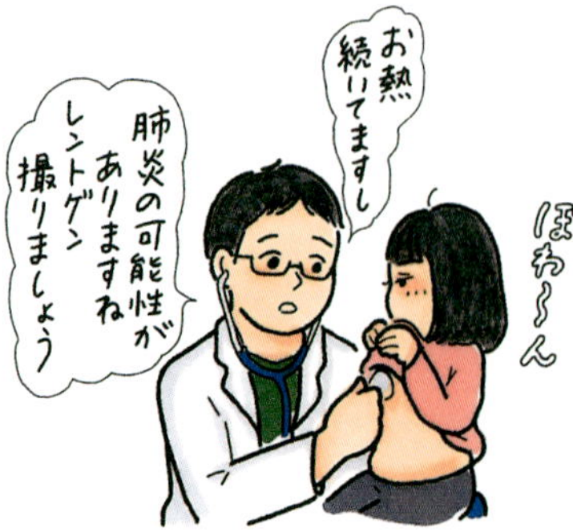

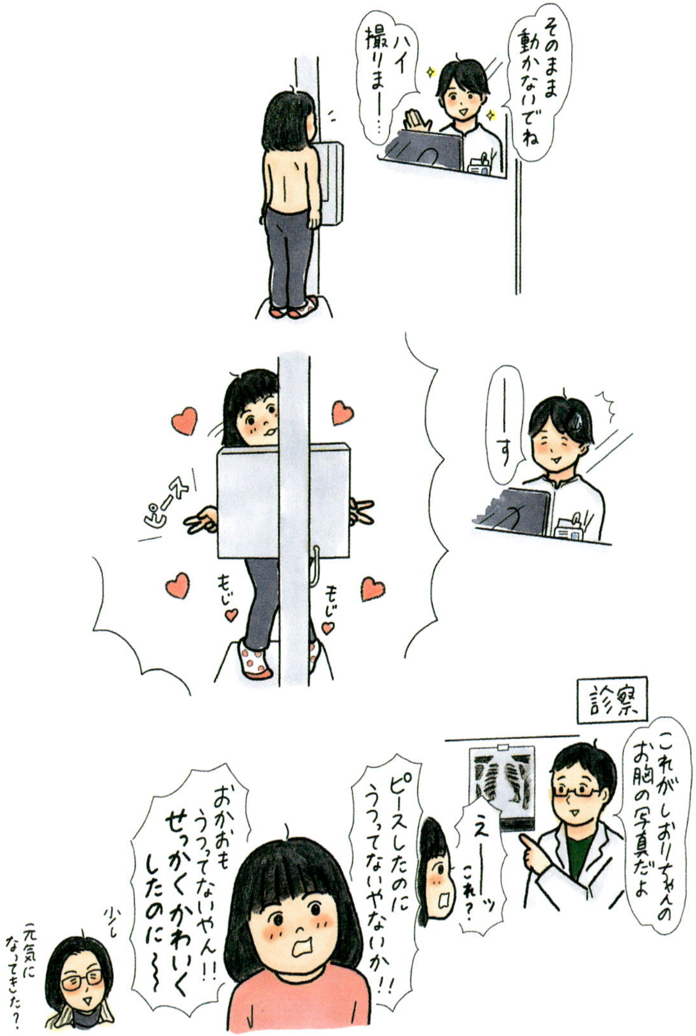
そのまま動かないでね
ハイ撮りまーー…
ーーす
ピース
もじ
もじ
診察
これがしおりちゃんのお胸の写真だよ
えーーッ これ？
ピースしたのにうつってないやないか!!
おかおもうつってないやん!! せっかくかわいくしたのに～～
少し元気になってきた？

高熱でぐったりしていてもかわいく撮ってほしい、女子力の高いしおりちゃんでした。

たっくん［2歳］
外遊びもおしゃべりも大好きな男の子

おかあさんっていいにおい

たっくん いいにおい するなぁ〜
くんくん
なんの におい？
石けんの においだよ
へ〜
え―― どんな におい？
くんくん おかあさんも いいにおい するなぁ
プハ――
う――んと う――んとぉ どんなにおい…？
ぶたじるの におい!!
豚《ぶた》汁《じる》!?

たっくんの知っているなかで、一番いいにおいのものが豚汁だったようです（笑）。

ゆいくん［3歳］

感受性と発想力が豊かな男の子

かわいいお尻

あ〜娘ちゃんのかわいい桃尻…
たまらない♥
ねぇねぇママのおしりもかわいいよ!!
え!? 本当？
ママのお尻ってどんな感じ？
じゃがいもみたいだから じゃが尻《じり》!!
じゃがいもってメークイン？
つるッ
それとも男爵？
ゴッゴッ

☆「肌色でまるいもの＝じゃがいも」と連想したのかな？　すごい発想力です！

たすくくん［4歳］

弟思いの優しい男の子

問題の答え

算数の問題出すよー
わかるかな？
わく
わく
たすくは風船をひとつもらいました
もう少し歩くとー
また風船をひとつもらいました
そのあと転んじゃって
風船がひとつ飛んでいってしまいましたーー
たすくは風船を何個持っているでしょうか？
いち!!
正解!!
すごーい
たすくももんだいだしたーーい!!

⭐ 算数のはずがいつの間にか気持ちの問題に！ 優しいたすくくんらしい問題ですね。

ケチャップ事件!

パパ
ホットドッグ
つくったよ
パパは会社に行ったし
あっくん寝てるし…
もう一眠り
しよう
スー
スー
ん?
いい
におい?
えっ!?
ええーー!?

ケチャップを思う存分堪能したあっくん。ママは「血まみれ!?」と焦ったそう(笑)。

頭の上

だいくん［3歳］

面倒見のいいやんちゃな男の子

だい!!
おもちゃは頭の上に置いてもう寝なさい
はーい
そ〜っと
寝たかな…？
頭の上…!?
すー
すー

☆いつも一緒にいるお気に入りのヒーロー人形。夢の中でも一緒かな？

COLUMN
しーちゃんのズコーッとなるおはなし

元通り？

あれ…パジャマの上に服着てるよ
あ!!
ほんとだーー
裏返しになってるからなおしてね
バスきちゃうよいそいで〜
はーーい
ままーー
じゅんびおっけーーだよ
よし、じゃ行こう…
わ!!
ぱじゃまぬいでなかった!!
へなへな〜

お手紙

おてがみかくんだーこっちはAちゃんで
こっちはせんせいにしよう!!
どっちがどっちかわからなくなるから封筒に名前書いた方がいいよ
わかってるよホラ…
こういうことでしょ?
しーるはってかわいくしたしー
りゅっくにいれてもうかんぺき♡
ガーーン
なかみいれるのわすれてる!!
ズコッ

メモする前に

かしゅのひとって
どうやって いいうた つくってるんだろう
しーちゃんも いいうたつくりたいな…
CD
いい歌詞が 浮かんだら
メモしておいて つくったりするんじゃない？
えっ!?
それ しーちゃんも やってる…
なんか かこうとおもって のーとをさがすでしょ
――で のーとがみつかったら かくことわすれてるの
ハハッ
ズコッ

おまもり

きょう めっちゃかわいい かみ もらったの
みて…
本当だ かわいいね
ん？ 気に入ってないの？
ううん ちがうの… きにいったから おまもりに しようとおもって
『おまもり』って かこうとしたのに――
『おまむ』って かいちゃったの
あ―― さいあく～
おまむ

CHAPTER_3

ほっこりするおはなし

常識にとらわれない
子どもたちの自由な想像力に、
おどろかされて、癒やされる♡
思わず「キュン！」とするような
無邪気な言動に
ほっこり心があたたかくなります。

ユータくん［5歳］
おしゃべりでお調子者の男の子

大人になっちゃった

あら ユータくん 久しぶりだね〜 元気？
あ、せんせい
去年の担任の先生
ユータね はがぬけたから
おとなに なっちゃったみたい
え!? もう抜けたんだ!!
スゴ〜イ
へへッ
そうなんだよぉ おとなになっちゃったから
ポキ
なんか さいきん かたが こっちゃうんだよなあ
ポキ
ププッ

肩をポキポキとならすしぐさに、先生も思わず笑っちゃいました。

こたろうくん［5歳］

家族の前ではおしゃべりな男の子

にっぽり

上野動物園へ向かう電車内
どうぶつえん♪
次は〜 日暮里《にっぽり》〜 日暮里《にっぽり》〜
『つぎのえき にっこり』!?
え!?
『にっこり』だって
かわいいねェ♥
ほっこり♥

思わずにっこりしちゃうかわいさ。これは訂正できないですね！

おーちゃん［4歳］
とってもシャイな男の子

あ〜んあむあむ

わぁ〜風強いね〜
あ〜ん あむあむ
あむあむ
おーちゃんどうしたの!?
あのね かぜさんをたべたんだよ
い〜っぱいたべたから ままもうだいじょうぶだよ

台風並みの強風が吹くなか、ママを思いやる優しいおーちゃんでした。

りおちゃん［4歳］
動物と外遊びが大好きな女の子

動物のお医者さん

おばあちゃん達ザックと
動物のお医者さんに行くけどりおちゃんも行く？
いく!!
ただいまー
まま…どうぶつのおいしゃさん…
にんげんだったよ…
今日はどうしましたか？
ワン
おいしゃさんがどうぶつだっておもってたの…
きりんさんとか…
ズコー

真顔でママに報告したりおちゃん。かわいい勘違いに家族みんながほっこり。

はるたくん［3歳］
マイペースだけど優しい男の子

寝相が悪い

ママ
『ねぞう』ってなに？
『寝《ね》相《ぞう》』は寝ているときの格好のことだよ
寝ているときにたくさん動く人を『寝相が悪い』って言うんだよ
はるちゃんは毎日寝相が悪いよね〜
zzz
はるたきょう…
ねんねしてからうごかない…
え!? なんで？
だって…『ねんねしてからうごかない』っておやくそく…
わからなかったから はるた ねてるときにうごいちゃってたの…
そっちの悪いじゃないよ！

ふたごの兄のはるたくん。まじめに「寝相が悪い」のは悪いことだと思ったんだね（笑）。

おうたくん［4歳］

お調子者で遊ぶのが大好きな男の子

さんごちゃん

すもう好きのふたごのおうたくん
あ～あ おうた…
さんごちゃんだったらよかったのに…
さんごちゃん？
こどもが3にんうまれることだよ
あーー三つ子のことかあ!!
どうして三つ子が良いって思うの？
3にんいたらおすもうごっこのときーー
ぎょうじさんやってもらえるからだよ!!
のこったのこった～～

弟のおうたくん。いつもはふたりで遊ぶから、ぎょうじさん役ほしいもんね！

そのちゃん［3歳］
普段はひょうきんな女の子

誰もいないよ♡

家族でランチ中
イチャ
イチャ
おーーい
パパも仲間に入れてよ
えーーー
まわりにひとがいるでしょはずかしいよ…
そっか…
その後のお散歩中
ぱぱ♡
ん？どうした？
ここならだれもいないよ…
コソ
ドキーーッ

小悪魔なセリフにドキッ。本当はパパともイチャイチャしたかったようです♡

ゆうしくん［3歳］

穏やかで思いやりのある男の子

まっくらを食べる

そろそろ寝ようか…
どうしたの？
パクパクパクパク
まっくらたべてるの!!
はやくあさにならないかなーっておもって!!
パクパクパクパク

朝になるのが待ち遠しいゆうしくん。きっと毎日が楽しくて仕方ないんだね！

はるくん［4歳］
素直で活発な男の子

お迎えが遅いわけ

保育園の帰り
そうまくんのまま きょうおむかえ おそいんだって
へ～
お仕事 大変なのかな？
う――ん…
おやつたくさん たべてて おむかえおそく なっちゃうんじゃない？
え!?
それか――
といれで といれっとぺーぱーが ながれなくて おそくなってるのかも!!
え―――!?

はるくんの考える遅れる理由はまるでコントのようですね（笑）。

あずさちゃん［4歳］
人見知りでマイペースな女の子

白雪姫ごっこ

白雪姫ごっこ
カプ
チュ
いきかえった!!
パタリ
カプ
パタリ
チュ
いきかえった!!
パタリ
チュ
いきかえった!!
パタリ
チュ
いきかえった!!
いつまで続くの――!?

プリンセスブームのあずさちゃん。りんごがなくなるまで延々と続いたそう（笑）。

ともくん［6歳］
明るくて、物おじしない男の子

ピクニックのおやつ

明日は保育園のお友達とピクニック
みんなで食べるおやつ買おうか
好きなの持っておいで
これにする!!
これほいくえんのおやつででるとみんなあま———い♥っていうからすきだとおもう
ソフトせんべい
OK
ピクニックが終わって——
昨日買ったおやつ余ったよひとつどうぞ
ぼくそれすきじゃないから
え!?
ぼくはすきじゃないんだけど…
みんながよろこぶとおもったからかってもらったの

自分より友達を優先するなんて、すごい！　気づかい上手なともくんでした。

さえちゃん［5歳］

人を笑顔にしてくれる女の子

枯れないお花

おはなかって～♥
Flower Shop
お花って
すぐ枯れちゃうから悲しくなるねんなあ…
次の日保育所へお迎えに行くと――
ままみて!!
ままがおはなかれるんいやっていったからかれへんおはなつくったで!!
チラシでつくったお花
これならかなしくならん？

妹にも優しいさえちゃん。いつも小さいママをしてくれているそうです。

はんとくん［3歳］

いろんなことに興味津々な男の子

810

あ・810
うちの車のナンバーは
『は・ん・と 810』って読めるんだよ
へー
はんとの名前と同じにしたんだよ
じーっ
じゃあ おとうさんのバイクは――
12-34
『お・と・う・さ・ん』ってかいてるの？

なんでも知りたがりのはんとくん。保育園でのあだ名は「物知り博士」です。

パンの試食

りっくん［5歳］

シャイで甘えん坊な男の子

パンのご試食いかがですか？
どうぞ
ありがとう
もぐもぐ
おいしい…
あのひと やさしいなあ…
しみじみ…

試食に感動して、目を輝かせて喜ぶりっくん。そのピュアさにめろめろです♡

ひかるくん［２歳］
穏やかで優しい男の子

宝箱

２歳のひかるくんの素敵な発想に、思わずじーんとしたお母さんでした。

今日、保育園行ったよ

そーちゃん［3歳］
恥ずかしがり屋を克服中の男の子

おかあさん おはなししようよ
あのね そーちゃん きょう ほいくえん いったよ
そうだよね～
（保育園に連れて行ったのは私…）
保育園どうだった？
あのね～ Aちゃんと Bちゃんが きてたよ!!
そうなんだ～
一緒に遊んだの？
ううん… あのね あのね な・ん・と!! Cくんと Dくん きてたよ!!
へ～～え
（みんな毎日来てると思うけど…）
遊んだの？ 楽しかった？
うん!! あのね そーちゃん
きょう ほいくえん いったよ!!
戻ったー

かわいすぎる無限ループ！ おはなしも楽しいけど、早くねんねしようね（笑）。

なゆちゃん［4歳］
エネルギッシュで活動的な女の子

隣がいいのに

赤ちゃん思いな、なゆちゃん♡　いいお姉さんになること間違いなしです。

あおちゃんのお母さんは

あおちゃん［3歳］

甘えん坊だけど元気で明るい女の子

新生活がはじまったある日
おかーさん
きょうもおしごとやったと?
そーよ
あのね Aちゃんのおとーさんとおかーさんのおしごとはおいしゃさんでー
Bちゃんのおかーさんはがっこうのせんせいなんだって
へ〜ぇ そうなん?すごいなァ
あおちゃんのお母さんは…
…あおちゃんのお母さんはー
なんなんやろね…
おかーさんはおかーさんだよ
ぎゅ〜

新生活で不安な頃。飾らないひと言に「明日も頑張ろう」と思えたお母さんでした。

ママの大事なものって何？

も～おこったから
ままのだいじなパソコンもらう!!
ママの一番大事なものはパソコンじゃないよ
じゃあ ままのだいじなペンもらう!!
ペン？それもママの一番大事なものじゃないなあ
じゃあ ままがいちばんだいじなものってなに？
こはるがもらっちゃうからおしえて!!
ママが一番大事なのは――こはるだよ♥
さっきまでいじけていたのに
ままだーいすき

いたずらをしたこはるちゃんをママが叱ったときのエピソード。すっかり仲直り♡

リリコちゃん［4歳］
天然でちょっぴりマイペースな女の子

こら〜あ〜しめてけ〜

女の子らしく座っていたのに突然、オッサンのような言い方でママはびっくり！（笑）

COLUMN
しーちゃんのほっこりするおはなし

苔《こけ》とママのおかげ

まま　あのみどりのやつなに？
緑のやつ？
ああ…それは苔《コケ》だよ
くるッ
あっ!!
にじ!!
こけとままのおかげできれいなにじがみえたね♥
こけもままもありがと!!
ほのぼの〜

神様のごはん

ん？いいにおい
この辺いつもパンの焼けるいいにおいするよ
キューン
かわいいこと言っちゃってぇ
もしかしたらかみさまのごはんのにおいかも!!
暗くなってきたね
かみさまがねるじかんででんきけしたのかなあ
は〜しーちゃんのはなしって…
永遠に聞いていられる♥
そ〜お？
かわいくてかわいくて…

「好き」って言いたい日

ある晴れた冬の日
今日 天気いいね
ん♥
まま すき♥
急に どうしたの?
あ…じつは はれていると
ままに『すき』って いいたくなるの
雪の日
うわ〜 すごい雪
まま
だいすき♥
はれたひと ゆきのひは ままに『すき』って いいたくなるんだー
へ〜ぇ
なんでだろ?

背中をトントン

ねぇ ままー ひさしぶりに せなか トントン して〜
こうかい?
トントン
あー いいねぇ
あかちゃんのころ おもいだすよ
ままにも やって あげる
あー本当だ 気持ちいいね
トントン
でしょ
あ!! そうだ!!
こうすれば ふたりとも きもちいいよ〜
トントン
トントン

ママには内緒

公園行くの久しぶりだね
ぱぱのおやすみのひは
いっつもあめだもんね
雨男
ワーッ
ドテッ
大丈夫？
うん
スタタタ
ーぱぱ
どうした？
やきもち
ほかのこどもしんぱいするから
え…しーちゃんが
やきもち？パパに？
コクリ
ってことがあったんだーー
ちょっと〜〜
ままにいわないで!!
むぐ
仲良いじゃーん

入院の思い出

高熱が続き入院したとき――
ぐったり
40℃超え
ハァ
ハァ
大嫌いな注射や座薬をすんなり
注射しますね
コクリ
受け入れるしーちゃん
数日後――
まだ熱高いね…
つらい？座薬入れてもらおうか？
いや…いいもうなおってきてる
ハァ
ハァ
本当にその後回復しました!!
ぱぱ…まま…
しりとりしよう…
ボソッ
平熱
よかった!!
退屈なので病室でコソコソしりとり遊び
じゃあ…さいしょは
しりとり
りんご
クスクス
ごりら
1時間経過
あんどーなつ
ねーもう終わろ…
やだ!!
いつまで続くの～～!?
つみき
ぱぱはやく!!
き…き…
なかなか終わらないのでヘトヘト～～
せまいベッドでの添い寝で
身体はバキバキ
元気になった今では大変だったけど
だっこしよ～～
すべてが良い思い出です♥

CHAPTER_4

じーんとするおはなし

普段はやんちゃないたずらっ子が
ふいに見せてくれた優しさ。
実はママのことしっかり見てくれてたんだって、
はっとさせられる瞬間。
思わずぎゅっと抱きしめたくなるような
エピソードです。

こうちゃん［4歳］
面白いお話をしてくれるユニークな男の子

みんな好き!!

強めに叱ってしまった後――
こうちゃん…さっき怒りすぎてごめんね…
かかのおこっているかおもわらっているかおもないているかおも
みんなすき!!
だからいいよ!!

叱られて泣いてしまっていたこうちゃんからの言葉に、ママが泣いちゃいました。

yuuくん［6歳］

社交的で思いやりのある男の子

大きくなったらなりたいもの

幼稚園のお誕生日会
けーきやさんになりたい!!
しょうぼうしになりたい!!
ステージ上で『大きくなったらなりたいもの』を発表します
yuuは何て言うかな?
ドキドキ
ぼくはおおきくなったら
おかあさんをまもりたいです!!
体調が悪く家では横になってばかりだったのに…
じ〜ん
あの子
すごいね!!
素敵♡
言われてみた〜い♡
うちの子です!!
心の声
自慢の息子でーす!!

なんともカッコイイ宣言♡　ママのこと、いつまでも守ってあげてね。

せーちゃん［2歳］

電車が大好き、元気いっぱいの男の子

おかーちゃんよしよし

せーちゃん ごめんね… お母さんしんどいから ねんねしていい？
つわり 辛い…
おかーしゃん あかしゃん…
しゅこし(少し) まってて!!
よいしょ
よいしょ
よいしょ
あかしゃん よしよし
おかーしゃん よしよし
ナデ ナデ

お腹に赤ちゃんがいること、ちゃんとわかってるんです。優しいせーちゃんでした。

夜泣き

たいちゃん［1歳］
甘えん坊で泣き虫の男の子

うわーん
たいちゃん夜泣き?
わ!! たっくんも起きちゃった
えーん
たっくんすぐ寝ると思うからちょっと待っててね
ごめんね
グズグズ
たいちゃん…
もう寝ちゃったかな…?
しーん
まま…
パァァァ

たった１歳なのに、我慢したお兄ちゃん。この後、ぎゅっと抱きしめて眠りました。

パパと一緒

えみちゃん［2歳］

歌とおしゃべりが好きな女の子

えみちゃんは
大きくなったら何になりたいの？
えみは―― ぱぱと おなじしごとが したい！！
ばいくの うしろにのって いっしょにしごと いきたいの！！
だって そうしたら えみも ぱぱも―
さみしくないでしょ？

パパのお見送りの後、いつも寂しがっているえみちゃんのいじらしい夢でした。

ひびとくん［2歳］
少し臆病な面もあるけど、やんちゃな男の子

ばんそうこう

ぱぱ…
た〜い？（痛い）
やけどしちゃったんだけどもう大丈夫だよ
くすり
ぱぱ…たいたいないよ
!!
ありがとう!!ひびとーー!!
ペタ
……って聞いてよ!!
ひびとがばんそうこう貼ってくれた…
泣いてる!?

感激のあまりお風呂まで報告にきたパパ。写真を撮ってしっかり残してるそうです。

大丈夫だよ

ゆぅちゃん［6歳］
わんぱくでよく笑うお兄ちゃん

そぅちゃん［4歳］
甘えん坊でおしゃべりな弟

妊娠が発覚し…
ママのお腹に赤ちゃんがいるの!!
やったー!!

おおきくなってね〜まってるよ——!!
おとうとかな?いもうとかな?
ワクワク
2人とも大喜び!!

。。。だけど
成長は途中で
止まってしまい
赤ちゃんに会うことは
できませんでした

いつもはやんちゃなゆぅちゃんの成長を感じたエピソードでした。

ゆうまくん［3歳］

みんなを笑わせるのが大好きな男の子

薬箱

ゴソ
ガサ
ゆうま!!
お薬入っているんだから いじったらダメって 言ってるでしょ!!
も～
あった!!
まま これ!!
手荒れ・ひび用
医薬品 クリーム
じーん…

薬箱をいじりだして、いたずらするのかと思ったら…優しいゆうまくんでした！

れんとがいるからね

れんとくん［4歳］
優しくてよく気がきくお兄ちゃん

みなとくん［2歳］
ママ大好きでお調子者の弟

落ち込んで泣きそうになっていたとき
しゅん…
平然を装っていたけど——
ままだいじょうぶ？
うん大丈夫…
まま…
れんとがいるからね

ママが泣き止むまで、2人で頭をなでて、ティッシュで涙を拭き続けてくれました。

ゆうちゃん［2歳］
頑張り屋さんで優しい女の子

仲直り

怒っていたときに「ママ、パパに笑って」と言われ、ハッとしたこともあるそうです。

しゅんくん［2歳］

好奇心いっぱいの男の子

叱られちゃったの？

わーん
ぐず
ぐず
そんなに泣かないでよ〜〜
やることたくさんあるのに…
ピーピーッ
あーもう
洗濯終わった…
バタ
バタ
ままにしかられちゃったの？
よしよし…
反省…

なかなか赤ちゃん返りが治らなかったしゅんくん。もうしっかりお兄ちゃんです。

むねくん［8歳］

ちょっと恥ずかしがり屋だけど元気な男の子

ブラックコーヒー

スキー合宿から帰ってきました
かあさん これおみやげ!! ぶらっくこーひーすきやろ?
さめないようにずっとぽけっとにいれてあっためてん
缶コーヒー?
おみやげ屋
長野
Nagano
あれ…
おかね どこにしまったっけ? おみやげかえない…
あった〜!!
ホッ
1000
えきのほーむでやっとおかねのばしょおもいだしたから
いそいでかったよ!!
じーん

5時間の道のりでコーヒーはぬるくなっていたけれど、気持ちは温かくなりました。

いっちゃん［6歳］
笑顔が素敵な女の子

幼稚園の思い出

東京から
九州へ
お引っ越し…
あたらしいようちえんいきたくない
さみしい〜〜
――って泣いちゃったけど
先生
思いっきり泣きなっせ!!
我慢せんでいい!!
幼稚園から帰ってきてから
何の絵描いてるの？
へ〜なんで？
まえのようちえんのえ!!
まえのようちえんをわすれないためだよ!!

辛いお別れを乗り越え、次の日からは笑顔で登園できるようになりました！

お兄ちゃんのうれしいこと

しゅうとくん［8歳］

おっとりしていて優しい男の子

妹が産まれて
ままおめでとう!
しゅうとはうれしいよ
あかちゃんうまれたのもうれしいけどー
ままたいへんだったからさ…やっとうまれてよかったね!!

つわりで大変だったママをいたわる言葉にじーん。今、しゅうとくんは妹を溺愛中♡

そうちゃん［5歳］

怖がりな面もあるけど、しっかり者の男の子

ママのかわりに

夕飯つくらないと
ならないのに…
イラ
イラ
ギャーーン
ギャー
全然泣きやまない!!
イラ
イラ
キョロ
キョロ
あっ
あった!!
かいくーん
おいで
〜〜

小さな体に抱っこ紐《ひも》をしめ、ママを助けてあげようとする頼もしいそうちゃんでした。

お姉ちゃん大奮闘！

みなみちゃん［3歳］
積極的にお手伝いをしてくれるお姉ちゃん

みおなちゃん［1歳］
お姉ちゃん大好きな妹

仕事から帰ってきたら——
お風呂に汚れたオムツ…
ここにもオムツ…
オムツ用ゴミ箱

あれ？お尻もオムツもきれい…

みおな2回もうんちしたがやね？
1回もしてないで
あのね

おとうさん!!
みおながうんちした!!
昼寝中
Zzz
おきがえしよう
よごれてるからあらってあげなくちゃ…
おとうさーん
おゆがでない!!
Zzz
Zzz
つめたい?
ごめんね
ブルブル
そうだったの!?
ふたりともえらかったね

みなみちゃんと、冷たいお水を我慢したみおなちゃん。2人とも頑張りました!!

つむぎちゃん［9歳］

いつもニコニコ笑顔の女の子

ママのにおい

そお〜っと…
しーーッ
えっと…12÷4は…

ギューーッ
ままだ!!

クンクン
つむぎはままのかおがわからなくてもにおいでままってわかるじしんある!!

「ジャマだよ～」なんて言われるかと思ったら！　まさかの言葉に、心がほっこり。

やきもち

ともちゃん［3歳］

元気でボーイッシュな女の子

妹と初対面
ともちゃんのいもうと～
やきもち妬かないんだ
ホッ
念のため授乳は見られないようにしよう…
ハッ
じーっ
…あかちゃんびょういんにかえしてこよう?
ねえ!! びょういんにかえそう!!

最初は嫉妬しちゃったけど、翌日から妹にメロメロの優しいお姉さんになりました♡

さらちゃん［2歳］
人見知りゼロの底抜けに明るい女の子

スムージー

夏祭りの日
風邪でダウン
2人で行ってらっしゃい
いってきまーす
え…もう帰ってきたの？
ただいまーー
おかあさん はいこれ!! すむーじーだよ
おかあさん!!
つめたいの のんで かぜなおってね

大好きなスムージーを飲まずに、急いで帰ってきてくれた優しいさらちゃんでした。

おかあさんもいいこ

まゆちゃん［2歳］

しっかり者の頼れる女の子

おかあさん
まゆちゃんとしゅんちゃんうまれてよかったね
しゅんちゃんうまれてきてくれてありがと♥
なでなで
おかあさんねてくれてありがとう
なでなで
寝てくれて＝!?
出産のとき
う〜ん

言葉はつたなくても一生懸命に伝えてくれる姿が愛おしい。

最後の登園

ゆうたくん［6歳］

マイペースで人一倍優しい男の子

保育園最後の日
だらだら
も〜早くしないと遅れちゃうよ!!
いっつものんびりしてるんだから!!
ーーでもゆうた
今日まで毎日頑張ったね
ーーままも
まいにちおくってくれてありがとう
じーん

保育園でも誰かが使ったおもちゃをかわりに片付けてあげる優しいゆうたくんです。

つきなちゃん［5歳］

まじめでいっしょうけんめいな女の子

泣きたいときは

!!
うる…
つきな…
泣きたいときは泣いてもいいんだよ
ううん!! わらったほうがいいんだよ!!
かなしいきもちがスーーーッとごみばこにはいっていくからね

いつも妹の面倒をよくみてくれるつきなちゃん。とっても頑張り屋さんのようです。

COLUMN
しーちゃんのじーんとするおはなし

お泊まり会

年長さんは1泊2日のお泊まり会があります
一度もはなれて寝たことないけど
大丈夫かな…
だっこー♥
お泊まり会当日
バイバーィ…
不安そうな顔で出発したけど――
ままーー!!
翌日は笑顔で帰ってきました
ホッ
これ…みんなでおはなつみしたの!! ままにぷれぜんとだよ
ありがとう
じ〜ん
あと このめだるありがと♥
しーちゃんへ
ままがつくったんでしょ?
みんなをビックリさせたくてお父さん・お母さん達でコッソリつくったんだよ
ぜんぜんしらなかった
それよりしーちゃん…
抱っこ♥
うず
うず
そのまえにまずーー
にもつとってこないと…ね? だっこはそのあとでいいかい?
あれ? 急激に大人になってる…

ランドセルと一升餅

ランドセルが届きました
赤
シンプル〜
教科書とかノートを入れたら重たいよ〜
じゃあ
えほんいっぱいいれてもってみる!!
わわ
おもたい〜
なにこれ〜
よろッ
よろッ
ふう
しょうがくせいってたいへん…
一升餅を背おっていた1歳の頃を思いだすわァ
よろッ
しみじみ

ほっとしたの

幼稚園にお手伝いに行ったとき——
小学校に行くのが楽しみな人〜〜
はーい
しーん
しーん
あれ…
じゃあ小学校に行きたくない人〜
ハーイ
ハーイ
きょうさ——
〇〇くんのままが『しょうがっこういきたくないひと—』っていったら『は——い』っていったひといっぱいいたよね
しょうがっこういくのいやなのしーちゃんだけじゃなくてほっとしたの
だこ
みんな不安なんだねでも大丈夫、大丈夫
お〜よしよし

おわりに

みなさまからお寄せいただいたエピソードをもとにイラストを描くのは、私にとって初の試みでした。できるだけわかりやすく、そして、子どもたちのかわいらしさがより伝わりますように…♡と、一枚一枚心を込めて描かせていただきましたが、いかがでしょうか？

私自身、イラストを描きながら、我が家の娘・しーちゃんと重ね合わせ、「あるある〜（笑）」と共感したり、「しーちゃんに、きょうだいがいたらこんな感じだったのかな？」など、想像を膨らませてはほっこりした気持ちになっていました。

そんな素敵な子育てエピソードのおかげで、クスッと笑えて、考え

きょうじーじが
みーんなじーじの
大事な孫〜
じーじ
……っていったでしょ
『だいじ』っていってたからいいことだとおもうんだけど…
『まご』ってなんだっけ？

させられて、心が温まる一冊に仕上がったと思います。
様々なご家族の面白くて幸せな思い出を、みなさまと共有できるお手伝いができたとしたらとても嬉しく思います。
この本の制作にあたり、協力してくださった多くの方々に心より感謝申し上げます。エピソードをご応募していただいた多くのみなさま、私のＳＮＳをご覧いただいているみなさま、いつも本当にありがとうございます。
夫もしーちゃんも、ありがとう。
子どもたちみんなが、幸せに健やかに「大きくなぁれ！」と、願いを込めて。

２０１９年　こつばん

おとなになったら
いみ、わかるかな……
みんな大きくなあれ！

Special Thanks!!

参加してくださったみなさま、
ありがとうございました！

ゆいちゃん
いーくん
そうちゃん
きよくん
いっくん
あっくん
りょーくん
たっくん
りっくくん
ももちゃん
みゆちゃん
タイちゃん
こっちゃん
美咲ちゃん

らこちゃん
ひゅうくん
ゆずちゃん
はるちゃん
すーちゃん
ゆうとくん
しぃちゃん
あらたんくん
ゆいくん
よしくん
ランランちゃん
あーちゃん
きよくん
そうくん
いっちゃん
サクくん
りっちゃん
あおちゃん
ゆえちゃん
はっちくん
あおちゃん
はーちゃん
ひびちゃん
ひよりサンちゃん
いっちゃん
ななこちゃん
ひまりちゃん
ゆうたくん
ことさん

あっちゃん
こーちゃん
はなちゃん
みいちゃん
みつきくん
ゆいちゃん
とうくん
もーしゃんちゃん
れいちゃん
コハルちゃん
ようちゃん
かんちゃん
6さいの おにいさんくん
たつみくん
ぴーちゃん
ゆかぴこちゃん
ゆめちゃん
りおちゃん
きーちゃん
こころちゃん
あっちんちゃん
ゆのちゃん
ハルくん
になちゃん
れんくん
きっぺいくん
ゆづきちゃん
なっちゃん

りっくん
はるちゃん
ふたばちゃん
かずきくん
まなちゃん
しゅうちゃん
みーちゃん
りとくん
いおりくん
aiちゃん
ゆっちゃん
みうちゃん
ここなちゃん
いぶきくん
よしくん
ゆめちゃん
ももえちゃん
たえちゃん
けんしんくん
らいちゃん
しゅうくん
りんちゃん
めいちゃん
せいじくん
しょうちゃん
るんちゃん
ろんくん
りんちゃん
由香ちゃん

怜美ちゃん
かえちゃん
すみれちゃん
いとちゃん
しほちゃん
かみちゃん
ゆいなちゃん
みうちゃん
けんけんくん
しゅうくん
いーちゃん
いっちゃん
こうだいくん
こなちゃん
あーちゃん
ひろくん
いっちゃん
うーちゃん
つんちゃん
おとちゃん
つきちゃん
こはちゃん
まっきーくん
ひーちゃん
ののちゃん
シュンくん
やまちゃん
だいちゃん
ゆんちゃん

つむぎちゃん
ももこちゃん
レナちゃん
おにいちゃん
かすみちゃん
ももちゃん
まこちゃん
りんちゃん
あーちゃん
かいちゃん
はねちゃん
そうちゃん
さえぴちゃん
なーちゃん
サナちゃん
みーちゃん
はあくん
リナちゃん
りいちゃん
かんたくん
はやたくん
ゆはなちゃん
ゆいちゃん
りーちゃん
いっちゃん
つむちゃん
そうちゃん
こずえちゃん
やまちんくん

よっちーくん
さゆちゃん
あみちゃん
せらちゃん
いおちゃん
たーちゃん
はるちゃん
りのちゃん
こやちゃん
いっちゃん
こっちゃん
かいくん
みのりちゃん
あつきくん
にゃーちゃん
はるちゃん
しのちゃん
たいちくん
さなちゃん
ゆうかちゃん
あやちゃん
しゅりちゃん
みのりちゃん
りおちゃん
まちちゃん
こっちゃん
にこりんちゃん
すみれっちちゃん
ゆうまくん

ここちゃん
いとちゃん
ちーちゃん
ソラさんちゃん
りっとんくん
えいとくん
ひでちゃん
さっちゃん
さなちゃん
ましろんちゃん
そーちゃん
こーたくん
あーくん
けいしくん
だいごくん
りーちゃん
しゅりちゃん
ばんちゃん
はっくん
たくくん
アイさん
しおちゃん
じょうくん
ゆうまくん
かのちゃん
ゆうくん
ひかるんくん
凛ちゃん
うたちゃん

みおちゃん
えまちゃん
ゆずきくん
やまとくん
たっちゅくん
かけくん
さーちゃちゃん
はるぼーくん
かんちゃん
そうちゃん
ももちゃん
がくくん
あんちゃん
こゆきくん
わかなちゃん
なのちゃん
いっきくん
しーしーちゃん
しょうくん
かんちゃん
たっちゅんくん
めいめいちゃん
しゅうくん
なーちゃん
めいちゃん
あっちゃん
えまちゃん
もえちゃん
さりちゃん

むぎちゃん
きほちゃん
えまちゃん
みーちゃん
ぎんじくん
あんちゃん
りんちゃん
くぅちゃん
ちーくん
キサちゃん
とーまくん
うーたんちゃん
まやちゃん
さぁちゃん
けんちゃん
そうちゃん
りょうちゃん
なーなーちゃん
あおいちゃん
あっくん
はーちゃん
タケくん
りっくん
さなちゃん
ゆうちゃん
かえでちゃん
れんれんくん
りくくん
はるくん

アコちゃん
むすめちゃん
あんなちゃん
マッティくん
ゆりちゃん
ゆうちゃん
ちゃーたんちゃん
ケンタくん
ゆいかちゃん
あきとくん
りのちゃん
たーちゃん
りなちゃん
さーちゃん
めいさん
しゅんくん
はやとくん
はるとくん
えいとくん
そらくん
くるちゃん
くるみちゃん
あーちゃん
ゆうかちゃん
ともよちゃん
みーちゃん
よしくん
すずかちゃん
たーちゃん

ななちゃん
しーちゃん
めいちゃん
花ちゃん
ももちゃん
るりちゃん
いろちゃん
あかりんちゃん
はーちゃん
きぃちゃん
こっちゃん
だいきくん
せいちゃん
リョウくん
かいちゃん
わーちゃん
はーちゃん
ここちゃん
もっちゃん
みっくん
ふうちゃん
み～ちゃん
まゆちゃん
りょうくん
こうたくん
にーなちゃん
なのちゃん
ゆいぴちゃん
ひなちゃん

ゆうまくん
りんちゃん
りおちゃん
めいちゃん
ゆづちゃん
しーちゃん
りーちゃん
カズくん
はなちゃん
ゆきなちゃん
まりのちゃん
しゅんたくん
ひなちゃん
あーたんくん
はやぴくん
しほちゃん
まほちゃん
きすけくん
りこちゃん
まこちゃん
けんとくん
あーちゃん
さゆちゃん
ともちゃん
さわちゃん
花ちゃん
とーくん
ふうちゃん
こうくん

ゆうりちゃん
かけちゃん
しーちゃん
りんちゃん
ゆうとくん
みおりちゃん
りるちゃん
イチくん
あーちゃん
めぐちゃん
さやちゃん
ひーちゃん
しゅんちゃん
さほちゃん
かいとくん

STAFF
デザイン　塙 美奈（ME&MIRACO）
校正　東京出版サービスセンター
編集　青柳有紀　森 摩耶　金城琉南（ワニブックス）

大きくなぁれ！

こつばん 著

2019年4月8日　初版発行

発行者　横内正昭
発行所　株式会社ワニブックス
〒150-8482
東京都渋谷区恵比寿4-4-9　えびす大黒ビル
電話　03-5449-2711（代表）
03-5449-2716（編集部）
ワニブックスHP　https://www.wani.co.jp/
WANI BOOKOUT　http://www.wanibookout.com/

印刷所　凸版印刷株式会社
DTP　株式会社オノ・エーワン
製本所　ナショナル製本

ISBN978-4-8470-9783-6

本書のエピソードは2018年5月10日〜6月10日の期間中、
特設サイトにて募集し、ご応募いただいた中から抜粋したものです。
エピソードはイラスト化し、一部を編集した上で、掲載させていただきました。